TODO LO QUE ODIAS DE TU SIGNO (Y TODAVÍA NO SABES)

LIBRA

TODO LO QUE ODIAS DE TU SIGNO (Y TODAVÍA NO SABES)

LIBRA

Una guía para sobrevivir a ti mismo

temas de hoy

172

Edición a cargo de Charas Vega
Corrección de estilo a cargo de Alba Armario

Desarrollo editorial: Anónima Content Studio
Redacción: Catalina Torres-Benjumea / María José Fermi
Cuidado editorial: Equipo Editorial Anónima Content Studio
Diseño: Anónima Content Studio / Lyda Sophia Naussán R.
Imágenes de interiores: © FreePik
Ilustración de la cubierta: Anónima Content Studio / Sheila Norma Alvarado Peña

Primera edición en español:

Bajo el sello editorial DIANA M.R.

temas de hoy, un sello editorial de Editorial Planeta, S. A.
Avda. Diagonal, 662-664, 08034 Barcelona (España)
www.planetadelibros.com

Primera edición en esta presentación: septiembre de 2024
Segunda edición: noviembre de 2024
ISBN: 978-84-19812-83-4
Depósito legal: B. 12.104-2024
Composición: Realización Planeta
Impresión y encuadernación: Huertas Industrias Gráficas, S. A.
Printed in Spain - Impreso en España

«No tenemos que avergonzarnos
de coquetear con el zodiaco.
Vale la pena coquetear
con el zodiaco.»
D. H. Lawrence

ÍNDICE

PRÓLOGO

Los Libra ven todo el espectro de posibilidades, por eso son tan indecisos. Llegan después de Virgo y representan la madurez disfrutable, unos cuarenta bien llevados en los que ya se ha dejado atrás cualquier crisis relacionada con la edad.

Muy magnéticos, románticos y seductores, unos donjuanes, puesto que el flirteo es su estado natural. Un Libra se estará muriendo en el hospital y seguirá ligando con las enfermeras. Los jueguecitos previos al sexo son su *must*, les gustan más que el acto en sí. Por eso les encanta calentar la situación, cortejar, mandar muchísimos mensajes...

Son gente muy social y necesitan tener amigos, pero sobre todo «colegas»: son los genios de las relaciones superficiales y de saber moverse en sociedad.

No eligen un bando ni les gusta hacer sentir mal a los demás, tienen bastante empatía. Por eso huyen del conflicto —y de los Aries, su complementario, que adora las peleas.

Los rige Venus, el planeta del arte, la belleza, la feminidad y el ingenio. Tienen curiosidad y son amantes de lo estético. Podrían llevar una galería de arte, un museo, ser cómicos, actores o filántropos. Son muy duros con ellos mismos y en lugar de encontrar la paz están en una constante tortura mental, indecisión... aunque también son unos actores natos y lo disimulan estupendamente.

Charas Vega (@charcastrology)

INTRODUCCIÓN

Todos hemos escuchado hablar de los horóscopos. Están en nuestra vida diaria, casi casi en nuestro ADN: que tu amiga comenzó a salir con un Piscis, que tu jefe resultó ser Leo o que por alguna razón eres muy organizada, y casualmente eres Virgo. Pero hay más que eso. La astrología influye en ti y tus relaciones con el universo en general.

En este manual para la vida te invitaremos a reconocerte en aquellas cosas que odias de tu signo (y todavía no sabes). Creemos que en la oposición están también las fortalezas; en reconocer lo que somos y lo que no. Hacer tuyo todo esto te hará mejor. ¿No es así, Escorpio? ¿Te suena, Acuario? Así que hemos recopilado todo aquello que no quieres reconocer y te lo hemos dejado bien clarito para que no te quepan dudas y puedas interactuar mejor con los demás y, por supuesto, contigo mismo.

Unas cuantas reglas de este universo

Te pedimos que dejes la lógica afuera —va para los Virgo—, y que después de leer esta guía analices tu vida e intercambies ideas y opiniones —sigue tu propio ejemplo, Géminis—. Lo que deseamos es que no te inventes historias en la cabeza; si eres Cáncer, ese mensaje es para ti, claramente. ¡Haz caso a las estrellas y déjate llevar!

Pero antes de empezar te pedimos que no dejes que nuestro tono sarcástico o nuestra ironía afecte tu sensibilidad, hay que tener sentido del humor en esta vida; hay que aprender de Sagitario. Nosotros hemos gozado escribiendo este manual de vida desde el humor negro. Primero, porque esa es una estrategia para afrontar mejor el estrés o algunos eventos críticos de la vida. Segundo, porque ayuda a reconocer que te equivocaste —toma nota, Aries—. Y tercero, porque simplemente es más divertido hacerlo así.

El escritor estadounidense Mark Twain —típico Sagitario— lo definió de este modo: «El ser humano solo tiene un arma efectiva: el humor». A lo que el poeta francés Jean de Santeul —otro Sagitario— añade: *Castigat ridendo mores*, es decir: «Corrige las costumbres riendo». Así que nos lo hemos tomado en serio y en esta guía te mostraremos un camino que va por ese lado.

LOS 12 SIGNOS DEL ZODIACO

Este no es uno de esos libros de horóscopos que romantiza la astrología y solo ve lo bueno de los signos, ese que ya tanto conoces y que has leído desde siempre. Aquí te vamos a decir «lo rudo» de los signos, por así decirlo: la verdad salvaje de cada uno, sin anestesia. Mejor dicho, este es un ANTIHORÓSCOPO: una guía de todo lo que no son, y que en realidad los pinta de cuerpo entero. Agarraos que allá vamos.

ARIES

21 de marzo–19 de abril

Aries, tú no conoces el límite. Con tu cornamenta lo empujas siempre para demostrar que puedes hasta con lo inalcanzable, incluso si acercarte a las llamas significa que puedas quemarte de vez en cuando. Eres puro fuego, pasión e impulso. ¿Ser uno más de la manada? Imposible. ¡Jamás! Tú no naciste para seguir al resto, sino para liderar.

Elemento: Fuego - **Regente:** Marte

TAURO

20 de abril–20 de mayo

Tauro, tú no naciste para sufrir. Eres un gozador nato. No entiendes cómo hay gente que no disfruta todos los placeres de la vida a cada momento, en cada instante. Aunque puedas parecer muy hedonista, la realidad es que —como buen toro— tienes los pies sobre la tierra. Eres confiable y estable. Eso sí, lo testarudo nadie te lo quita.

Elemento: Tierra - **Regente:** Venus

GÉMINIS

21 de mayo–20 de junio

Arriba o abajo. Blanco o negro. Amor u odio. Géminis, a ti el punto medio te da alergia. A ti lo que te gusta son los extremos, puedes pasar de un extremo al otro como quien cambia de ropa interior a diario. Te habita un par de gemelos que van a su estilo, los dos muy guapos, muy hermosos; ellos son los reyes d ela calma y de las buenas bromas.

Elemento: Aire - **Regente:** Mercurio

CÁNCER

21 de junio–22 de julio

Cáncer, tú que odias la inestabilidad y las ambigüedades, siempre estás listo para zambullirte en el mar de emociones que es la vida. ¿Viene una ola de alegría? Ahí estás. ¿Viene una ola de tristeza o mal humor? ¡Caparazón, para eso te tengo! La intuición pocas veces te falla, por eso eres el consejero del zodiaco, aunque tu sensibilidad a flor de piel a veces te traiciona.

Elemento: Agua - **Regente**: La Luna

LEO

23 de julio–22 de agosto

Confiesa, Leo, cuando entras en una habitación piensas para ti: «Abran paso a su alteza, rey de la selva, primero de su nombre, señor de las constelaciones y protector de todo el reino zodiacal». Y es que naciste para brillar y liderar. Aunque a veces ese poder se te suba a la cabeza y reines en la oscuridad de tu propia soberbia.

Elemento: Fuego - **Regente:** El Sol

VIRGO

23 de agosto–22 de septiembre

Vamos a delatarte, Virgo. No hay nada que te saque más de quicio que te cambien los planes. Tú no dejas nada fuera de orden, eres amante de las hojas de Excel y las agendas. Si de último minuto te cancelan una cita, no hay poder humano que te haga aceptar otra. Tienes un espíritu eficiente y perfeccionista que no puedes con él.

Elemento: Tierra - **Regente:** Mercurio

LIBRA

23 de septiembre–22 de octubre

Que no te pidan enfrentar un conflicto o tomar una decisión radical, Libra. Tú eres el amo y señor de los matices. Te sientes cómodo moviéndote en un sinfín de tonos grises. Como buena balanza que eres buscas el equilibrio, pero sueles tener respuestas que no son «ni fu ni fa». Ahora bien, lo que te sobra de indeciso lo tienes de sobra en acto y espíritu conciliador.

Elemento: Aire - **Regente:** Venus

ESCORPIO

23 de octubre–21 de noviembre

Ni olvido ni perdón. Los que dicen que los monstruos no existen no te conocen enfadado, Escorpio. Y una vez que clavas el aguijón no hay vuelta atrás. No hay disculpa que sirva; «ojo por ojo y diente por diente» es tu ley. La memoria es tu aliada, pues tampoco olvidas los buenos gestos que otros han tenido contigo. Magnético y pasional, andar a tu lado es abrazar el misterio y saltar al vacío sin saber si el paracaídas abrirá o no.

Elemento: Agua - **Regente:** Plutón

SAGITARIO

22 de noviembre–21 de diciembre

No tener planes no es lo tuyo, Sagitario. Quedarte quieta o quieto, tampoco. Los días duran 24 horas, pero los tuyos tienen 30. Si no tienes nada que hacer, te lo inventas. Eres pura aventura, vives para intentar cosas nuevas: viajar a lugares desconocidos, degustar platos exóticos y probar cuanta posición en la cama tu cuerpo te permita.

Elemento: Fuego - **Regente:** Júpiter

CAPRICORNIO

22 de diciembre–19 de enero

Para ti, Capricornio, no existe peor pecado que no cumplir una promesa. La palabra es palabra; si no, azote. Tú ordenas tu mundo con una línea imaginaria que divide todo lo que está bien de lo que está mal y más les vale —¡y a ti también!— estar del lado correcto. Si la vida es una montaña, tú naciste para treparla y llegar a la cima, aunque cueste sangre, sudor y lágrimas.

Elemento: Tierra - **Regente:** Saturno

ACUARIO

20 de enero–18 de febrero

¿Seguir las reglas del juego? Eso nunca. Las pautas y normas no se inventaron para ti, Acuario. Tú estás lejos de ser casto y puro. Eres libertino y cuestionas hasta el cansancio. Buscas nuevos caminos para innovar y, ¿por qué no?, liberar todo aquello que consideras injusto. Lo que tienes de audaz e intrépido, también lo tienes de impredecible y esquivo.

Elemento: Aire - **Regente:** Urano

PISCIS

19 de febrero–20 de marzo

A ver si Piscis nos presta atención. Deja tu realidad paralela un segundo, por favor. Sabemos que no te gusta sentirte preso y que tu respeto por las convenciones es tan abstracto que dejas que todo fluya por otro lado. Si las cosas se ponen difíciles, te esconderás entre los corales; pero cuando estés preparado, ¡vaya!, saldrás a la superficie para dar un coletazo si te desafían.

Elemento: Agua - **Regente:** Neptuno

LIBRA

NATURALMENTE

indeciso,

SELECTIVAMENTE

extrovertido.

ANIMAL

Aquí es más complicado, Libra, porque no perteneces a los signos representados por animales, sino por un objeto. Es de metal; pesa, mide, juzga y equilibra. No hay otro signo como tú. Podrías ser representado por un Bambi huidizo y tierno. ¿Sabías que eres el único signo del zodiaco que no es zoo-diacal? Piénsalo de esta manera, todos los otros signos tienen sangre en las venas, poseen esta característica tan particular de los seres vivos que hace que decidan y se equivoquen. Pero al no tener sangre, y vivir para medir y equilibrar todas las metidas de pata monumentales de los mortales, enloqueces cuando tienes que usar el libre albedrío.

CONSTELACIÓN

Esta constelación, que parece el techo de una casa dibujada por un crío, cuenta con variados chismes mitológicos: era una pinza de Escorpio y no sabemos cómo se volvió una república independiente asociada con la justicia y el equilibrio. Por otro lado, esta constelación es bastante discreta, por no decir invisible. Tu constelación es un misterio porque dicen que es representada por una balanza. El equilibrio se lo atribuyen al equinoccio de otoño en donde los días duraban exactamente lo mismo que las noches. Pensamos que sabemos del cielo, los astros y el zodiaco, en general, hasta que llegamos a ti, Libra.

SÍMBOLO

Tu símbolo, que parece más una operación matemática, representa una balanza y también dicen que un amanecer. ¿Cómo decidieron que era un amanecer y no un atardecer? Seguramente el que lo dijo no era Libra. En tu ADN está la idea de ser justo, equitativo y tratar, por todos los medios, de salir bien parado de todas las peleas y desacuerdos. Al fin y al cabo, si ves demasiado difícil un final feliz, corres con el viento, que es tu elemento... Pero no nos adelantemos.

PLANETA REGENTE

Venus está de fiesta contigo, se deleita dándote un amor ridículo por las relaciones, porque te enamoras de las mariposas y quieres que la relación dure «hasta el infinito y más allá». A ti, como a Tauro, te gustan las cosas bellas, los humanos bellos, las tipografías bellas y que no te manden un correo en Comic Sans porque puedes morir de tristeza por falta de consideración hacia tus ojos. Venus también te dio encanto y diplomacia para que soluciones los problemas del mundo con una sonrisa y alguna broma que calme la tensión. Libra, eres experto en hacer las cosas fáciles para los demás, pero con cien mil rollos en tu cabeza.

Pero Venus se distrajo a la hora de las proporciones amorosas y eres un amor con patitas y manos caminando por el mundo. La armonía la mides en base a la cantidad de amor que te hace sentir lo que sea que estás calculando. ¿Sabes?, así como los estadounidenses no usan centímetros, sino pulgadas, tú no usas el sentido común, sino el amor para medir cómo de bonitas te parecen las cosas.

ELEMENTO

Eres el segundo signo de aire, Libra. Contigo es un poco más fácil sostener una conversación, pero sigue siendo difícil, pues el aire no perdona. Eres muy curioso y creativo, puedes hacer de Excel una aventura, te aplaudimos por eso y te agradecemos que nos hagas la vida más feliz. El aire en el amor te hace huidizo, ya sabes, como un Bambi tierno que corre desprevenido por las praderas. Jamás dirás que estabas coqueteando, le echas la culpa a ser naturalmente adorable, y si alguien tiene problemas con eso, que se dirija directamente a Dios y se arreglen entre ellos.

A los signos de aire les atrae principalmente la inteligencia, la locuacidad y que los reten mentalmente. Les encanta probar cosas nuevas y se alimentan del conocimiento de otros, porque son especialmente sociables. Pero para que a ti te guste una persona, aparte de tener toda esta lista de requerimientos, tiene que ser bella, llamar tu atención estética y, aparte de todo, ser tranquila y que por ningún motivo te pueda hacer sentir atado... Buena suerte buscando al unicornio.

PERSONALIDAD

¿QUÉ NO ERES, LIBRA?

No es que no sepas qué hacer por falta de ideas, es que para todo tienes plan A, B, C, y así hasta que se te acabe el tiempo de pensar (porque las ideas, jamás). Y claro, al final de las opciones están las integraciones del plan A y el C. Libra, sujeta con una cuerda tus pensamientos para que dejen de volar, es una buenísima opción para ganar tiempo y para que los que tienes al lado no te quieran matar. Hay un mito urbano que dice que si reunimos todo el tiempo que tardas en decidir cualquier cosa, podríamos vivir dos vidas más. Para escoger el amor, la indecisión es un #EpicFail porque tienes un problema con tu propio significado de equilibrio y te cuesta comprometerte a la hora de elegir. Todo sería mejor para ti si los otros vinieran completos. A diferencia de tu vecino, Virgo, tú puedes no tomar ninguna decisión o cambiarla en cualquier momento, gracias a tu elemento aire, y salir victorioso. Además, te han dado el regalo de la diplomacia para siempre tener una respuesta bonita que no responda a esa (o a ninguna) pregunta.

Libra, el para nada rígido

No es procrastinación lo que tú haces, Libra. Es dejar enfriar las opciones y hacer otras cosas mientras tanto. Desde este punto de vista es, simplemente, aprovechar el tiempo de la incertidumbre. Todas las decisiones tardías estarán perfectamente soportadas en esa balanza mental que, aunque ya está un poco defectuosa, te hace milagrosamente ecuánime. Con tu carisma y una sonrisa todos te perdonamos y quedamos eternamente flechados, esperando tu decisión un ratito más (y por ratito nos referimos a esa unidad de tiempo que pasa entre una hora y el resto de la vida). En un semáforo te quedas pensando en si pasar o no con la luz roja y cuando decides hacerlo, ya vuelve a estar verde. No gestionas muy bien la presión, pero en cuanto te centras, todo fluye y el mundo se vuelve lento, porque en vez de correr, vuelas y te vuelves inalcanzable. Tu estado natural te hace el elegido para contar las malas noticias; por ejemplo, que el proyecto no se terminará el día esperado. Eres tan dulce y generoso con tus palabras, y con la intención de no dañar a los otros, que los afectados terminan pidiéndote perdón por haber pedido el proyecto ese día y no después.

Libra, sin defensas en el amor

Tú eres el más romántico de todos, Libra. Dinos la verdad, ¿es cierto que cuando te gusta alguien lo primero que guardas en tu bolsillo es tu corazón para dárselo a esa persona, y sin preguntarle cuál es su color favorito o su nombre? Tu lado débil es la belleza, no te resistes a las personas guapas y armónicas, esa es tu debilidad. En las relaciones, para ti es importante poder comunicarte con el otro y que esté dispuesto a responderte mil veces el «¿todavía me quieres?». Aquí también te entra la duda, pero piensas tanto que escoges mal. Tu pareja debe ser alguien con paciencia infinita que sepa entender que no es falta de amor, es una constante evaluación del equilibrio universal que afecta directamente la balanza desequilibrada. Pero, eso sí, cuando por fin escoges a esa persona se vuelve tu todo; te encanta que se sienta especial y única. Trabajas duro para que no haya peleas porque no se te da muy bien pelear, ya sabes, por aquello de las dudas que no paran ni en esos momentos.

DEFECTOS

Eres un buen ser humano, como un pan —sin gluten y que no engorda—, pero tienes la concentración distraída, ¿cómo te lo explicamos? A la hora de concentrarte piensas tanto en el equilibrio que no te puedes enfocar, y cuando ya puedes responder, el otro está furioso porque cree que te estás inventando cualquier cosa por complacerlo, aunque también puede ser cierto, pero esto no se aplica en todos los casos.

A veces te enfocas demasiado en las cosas externas y no te das la oportunidad de conocer a alguien con un mal corte de pelo (todos nos hemos peleado alguna vez con las tijeras, danos una oportunidad, Libra). Es tan importante la estética y el equilibrio en tu vida que pareces superficial, pero nadie sabe lo profundo que has ido para tomar la decisión.

Eres el alma de la fiesta, el que habla con todos y no le cae mal a nadie (pero que se vayan rápido porque necesitas espacio y aire, muuucho aire).

Además de esto, buscas demasiado la aprobación, haces unas encuestas infinitas con gente que ni conoces bien para, al final, hacer lo que te da la gana. Porque eres indeciso, sí, pero tonto, jamás.

LO QUE TE HACE SUPERIOR

Te metes en unos problemas gigantes porque no has aprendido a decir: «No, paso, pero gracias». Por eso, cuando das la mano te cogen hasta el corazón sin pedir permiso. No pones límites, te vas dejando llevar por las situaciones, en especial por aquellas que son bonitas y que te gustan más. Cuando ya estás metido hasta el cuello, y no tienes cómo liberarte, te salen alas y desapareces. No resuelves nada, recurres a cualquier tipo de artimaña para poder evadirte, que habitualmente es la manipulación, aunque no es la única.

TU PEOR INSULTO

- Que te ganen haciendo trampa.
- Que pasen por encima de cualquier humano y más si te importa.
- Que te digan que no sabes suficiente de un tema que te apasiona.
- Que te mientan para ligar contigo.
- Que te critiquen en público.

«EL LÍMITE NO EXISTE»

No eres de los que está soltero mucho tiempo, tu estado ideal es compartiendo con alguien. Pero si una persona te pone el mundo al revés, alguien con quien te sientes increíble y cómodo, libre y seguro al mismo tiempo, eres capaz de esperar lo que sea necesario para estar juntos. Hasta te haces su amigo para poder evaluar cómo piensa y cómo vas a encajar ahí.

Como eres tan enamoradizo esto no pasa con frecuencia, por eso cuando ves al «unicornio» decides que esta vez lo vas a hacer bien y te entregas a la espera y a lo incierto, porque no hay nadie mejor en tu vida (o en ese pedacito de vida).

TU LADO *DARK*

Nadie sabe quién eres en realidad, Libra. Ya lo hemos dicho, eres un verdadero misterio, pues siempre quieres complacer a todo el mundo y tratas de ser fuente de armonía. Es entonces cuando terminas siendo muy confuso y poco realista. Tu indecisión se parece mucho a la hipocresía y a la superficialidad. Pero es que el resto de los humanos no entiende lo importante que es para ti evitar el conflicto. Se trata más de un sacrificio que haces para mantener la paz del mundo que una artimaña para engañar a los demás. A veces no te entendemos: dices y haces con cara de cachorro huérfano para que te creamos y así te sales con la tuya otra vez.

ASESINOS EN SERIE

Libra no es el primer signo en el que pensaríamos para protagonizar un *true crime*, pero tampoco el último. Por lo general son afables, justos y poco amigos del conflicto.

El sentido de la justicia que tanto caracteriza a Libra puede ser una cualidad que lo lleve por la senda del asesino en serie, ya que podría estar tentado de tomarse la justicia por su mano.

Otro aspecto clave es que Libra tiene una gran facilidad para el arte de camelar a cualquiera que se le ponga delante: víctimas, jueces, medios de comunicación... El don de la palabra acompaña a un signo que podría convencer al mismo diablo y que no dudará en manipular a quien haga falta para salirse con la suya.

Fred West: Si hay un personaje que caracteriza a Libra ese es Casanova, una persona movida por sus impulsos sexuales hasta límites inesperados. El voyerismo o la práctica de ciertos fetiches fueron la marca de West, un conquistador nato que se pasó más de veinte pueblos.

MODA

Si hay un signo relacionado con la moda, el estilo y la tendencia, ese es Libra, un signo «fashionista» como ningún otro. Si quieres una inspiración, te recomiendo seguir todo lo sube en su Instagram. Supongo que todos los estilistas de los famosos también son Libra, porque ningún signo tiene mejor gusto que ellos.

Su rango de indumentaria es increíble, podrían vestir casi cualquier estilo y no se vería forzado. Eso sí, hasta dar con la pieza perfecta y comprarla pueden pasar horas, Libra es muy poco decidido debido a su perfeccionismo. Sin embargo, vale la pena cuando ves el resultado. Todos sus *looks* están a la moda y ultracuidados; incluso para estar por casa sin que nadie lo vea va hecho un pincel.

PLAYLIST

Canciones Libra de artistas Libra:

- Marina and the Diamonds — *How to Be a Heartbreaker*
- Gwen Stefani — *Hollaback Girl*
- Doja Cat — *Juicy*
- Mitski — *Love Me More*
- Julio Iglesias — *Con la misma piedra*
- Olivia Newton-John — *Hopelessly Devoted to You*
- John Lennon — *Mind Games*
- Anderson .Paak, Bruno Mars y Silk Sonic — *Leave the Door Open*
- Rosalía — *La combi Versace*
- Celia Cruz — *La vida es un carnaval*

PERSONAJES FICTICIOS

Don Juan

O la historia de Casanova, el personaje real. Un encandilador que viajaba en la búsqueda de mujeres y de aventuras. Un arquetipo que se caracteriza no solo por engatusar a otros, sino por contarlo y vanagloriarse de ser un picaflor.

Ted, de *Ted Lasso*

Un Libra bastante alejado del mito del Don Juan, un padre Libra. Ted siempre busca la paz e intenta ver dónde está la solución a los problemas. Un rasgo muy Libra es su capacidad de transmitir calma a su alrededor y hacer que la gente que esté a su lado acabe siendo inevitablemente más feliz.

Emily, de *Emily in Paris*

Libra tiene una relación especial con la moda y la belleza, las busca desesperadamente, se obsesiona con las tendencias, quiere ser la mejor vestida. No es nada raro que acabe dedicándose a algún campo relacionado con la estética o directamente siendo una *influencer* (mira a Kim Kardashian).

PERSONAJES REALES

Oscar Wilde

El gran referente Libra de la historia, una persona que no podía dejar de cavilar sobre la belleza, la vida y el amor. Una persona brillante. Acabó en prisión por ser un adelantado a su época e incluso allí encontró cierta belleza (leed *La balada de la cárcel de Reading*).

Kim Kardashian

Si Wilde era el gran referente Libra de la historia, Kim es el del siglo XXI. Sus prioridades son el amor, la belleza, vivir una vida llena de lujos y de «tranquilidad». También es famosa porque adora los focos y estar siempre en boca de todos. Una Libra con cierta tendencia Leo, también te digo.

Snoop Dogg

Uno de los raperos con menos conflictos de los últimos años. La encarnación de estar *chill*. Otro Don Juan que no ha dudado en acaparar portadas subrayando su apacibilidad y sus ganas de «hacer el amor y no la guerra». Una fama muy tranquila que sabe llevar con el mayor de los carismas.

Béla Lugosi

Su enigmática elegancia, junto con la leyenda de que provenía de la nobleza europea, hizo de él un Libra icónico. Su facilidad para engatusar a las mujeres traspasaba la pantalla y sus excentricidades lo convirtieron en un extraño amante de la belleza. Como les pasa a muchos Libra, el personaje se comió a la persona. Y, cómo no, prefería ser el refinado Drácula que un simple actor.

TUS MOMENTOS MÁS ODIOSOS

Vas por la vida tratando de ser Buda, haciendo que el mundo funcione en paz y armonía y así te ves a ti mismo. Los conflictos no te hacen gracia. No les das importancia a las ofensas y sigues con tu vida porque prefieres tu paz mental que decir cualquier cosa. Pero dejas de ser luz cuando la otra persona no quiere arreglar nada y sigue peleando, y que se escondan en las trincheras porque este ser de luz va a explotar. Antes de ignorarla por el resto de su vida le sueltas todas las ocasiones, desde el momento en que os conocisteis hasta cuando te ensució el zapato, que no te pidió disculpas. Eres una bomba de tiempo porque te lo guardas todo y aguantas demasiado. Venus te ayuda a ver los defectos con bondad, pero hasta cierto punto.

EL REGALO MENOS DESEADO

Una suscripción al grupo de debate y conflicto, para que empieces a usar el «no, gracias». Eso sería como un cuarto de tortura para ti, Libra, que quieres flores y amabilidad y amor y... ¡qué *hippy* eres! Los regalos que no son pensados tampoco te gustan, así que, si alguien te regala un vale de una tienda que ni te gusta, sacarás una sonrisa falsísima y tendrás que volver a fingir que todo en la vida está bien, que es un bonito detalle y bla, bla, bla. Mejor ponte serio y di la verdad, a ver si vas a enfermar por aguantar tanto y guardártelo todo con tal de no incomodar a los demás.

EL COLMO DE LOS COLMOS

Tu peor escenario puede ser el siguiente: tener que escoger entre el ser más inteligente y estimulante de todo el mundo, con pésimo gusto para vestir, o el ser más bello que ha existido en tu vida, pero que tenga una personalidad estándar y que sea muy aburrido y predecible. Otro de los colmos es que, como te gusta tanto estar con alguien (en pocas palabras, eso de la soledad lo odias), terminas saliendo con cualquier individuo que se cruce en tu camino y luego le echas la culpa al universo porque estás con una persona que se sale de todos tus esquemas. Aquí lo que se debe trabajar es el músculo del poder estar contigo mismo antes de que sigas yéndote de aquí para allá.

HOBBIES QUE ABORRECES

- Participar en un retiro de silencio.
- Ser el jurado de cualquier concurso.
- *Kickboxing*.
- Decir NO.
- Arriesgarse innecesariamente.

JAMÁS TE DISCULPARÁS POR...

No pelear. Siempre ejercerás el derecho a quedarte callado y no ser fuente de discordia. Incluso en tu relación de pareja huirás de cualquier tipo de confrontación. Es bien conocido aquello que al igual que Géminis le tiene pavor al aburrimiento, Libra no soporta las confrontaciones y tiene la inteligencia a su favor para salirse por la tangente y cambiar el tema con un: «¡Mira qué zapatos más bonitos traes hoy!».

ANTIMATCH

¡Uy, Libra! ¿Acaso creías que tus encantos son compatibles con todo el zodiaco? Pues te tenemos una mala noticia: no es así. Aquí tienes dos ejemplos perfectos de ello.

Capricornio

No tienes problema con que quiera tener la razón en todo (como Tauro), eso puedes dejarlo pasar, pero lo que te perturba de este signo es el tono y la contundencia con los que dice algo, casi como una reprimenda. Hasta el saludo te pone nervioso y todo lo que te incomode, aunque sea un poco, te hace correr.

Virgo

Este espécimen está aferrado a la Tierra, los datos científicos y la eficiencia; tú amas las ramas, los atajos que no llevan a donde ibas originalmente. Y en el amor tratas de enredarte en la escena más romántica que exista, mientras que Virgo cree en la eficiencia y la productividad, hasta para el amor usa listas de tareas. ¡Huye, Libra!

AMOR

¿CÓMO ERES EN EL AMOR, LIBRA?

Ocupado, tu sistema operativo no está diseñado para estar solo. Eres un bombón, eres gentil, amable y te gusta la gente en general, pero un ratito. Para estar contigo hemos instalado un digiturno con pocas esperanzas, porque además tus relaciones tienden a durar un montón y la fila para el amor es larga. Te preguntarás cuál es el problema si eres el signo perfecto para vivir felices para siempre, pues eso mismo, que eres un bombón, gentil y amable con todos, independientemente de si estás soltero o casado. No tienes la capacidad de diferenciar entre la amabilidad y el coqueteo y no posees otra forma de relacionarte. Nos confundes mucho cada vez que nos hablas.

Sin embargo, con toda la carga de ser el mejor candidato para recibir el amor del mundo, una vez que encuentras a tu tortolito eres entregado y, si no te atan ni te cortan las alas, te quedas hasta que la muerte os separe. Ahí está la caja de Pandora, nunca sabemos qué es lo que te hace sentir atado o incómodo, porque puede ser un mensaje de más, una visita sorpresa o, incluso, que no nos guste tanto tu color favorito. El aire te hace efímero y fugaz; en las artes amatorias tampoco quieres decir qué no te gusta y así es muy complicado. Nos encantaría, pero no tenemos el don de la adivinación.

Otras veces el miedo a estar solo hace que te metas con personas que no son ni un poquito compatibles contigo. Lo peor es que tardas un millón de años en salir de la relación por miedo al conflicto y a decidir... Tu monstruo debajo de la cama se llama DECISIÓN, no te gusta y generas 101 estrategias con diferentes caminos que nunca se lleven a cabo porque te paraliza la idea de escoger mal, de hacerle daño a alguien o de que haya algo mejor más adelante. Es como si no pudieras vivir aquí y ahora, todo pasa en tu cabeza mientras fuera todos esperamos en la vida real.

LO QUE NO HARÍAS NI POR AMOR

Eres un signo bastante abierto al diálogo y a la negociación, el punto medio es tu favorito. Pero a lo que no renunciarías nunca por nadie es a ser tú, a vestirte como te gusta, a ser gentil —o un poquito coqueto—. Darle gusto a la otra persona dejando de ser tú es torturarte a ti mismo porque gran parte de tu esencia la muestras en cómo te vistes, cómo hablas y la forma tan especial en la que te relacionas con los otros. Si esa persona que te hizo perder la cabeza te prohíbe hablar con tu ex o te dice que te quites esa camisa de colores, como resultado lo que te quitas es a esa persona de encima.

AHÓRRATE LA TERAPIA

Si ya estás en una relación, te damos algunos consejos que te pueden salvar de que tu amor te anime a ir juntos a terapia o que te deje y te toque ir solito.

- Habla, por Dios. Si hay algo que quieres que suceda, no esperes a que la otra persona te lea el pensamiento, lo lea mal, decida y después tenga que aguantarse tu cara de hartazgo.
- Si estás sintiendo amor, deja de pensarlo y ¡¡dilo!! Esa indecisión crónica te hace parecer frío y tú hasta al hielo lo derrites con esos ojitos.
- Abróchate los pantalones y enfrenta las diferencias, vas a ver que no se muere nadie y te va a hacer bien.
- Tampoco estés disponible para todo el mundo, no estás en promoción, destacas entre los demás y hay una fila de personas esperando a que te des la vuelta.

¿CÓMO APLICAS EL *GHOSTING*?

Si a la persona le gustan las peleas para sentir adrenalina, mejor que se tire con un paracaídas, tú no estás dispuesto a discutir solo para reconciliarte. Si hace el viejo truco de los tres días antes de contestar, tú te aburres primero y dejas de responderle. No estás para jugar a quién tiene el poder y quién aguanta más, a ti te gusta el punto en donde los dos os encontráis e inventáis vuestra propia comedia romántica.

TU MEJOR LIGUE PARA UNA SOLA NOCHE

Te gustan los revolcones apasionados y las cosas nuevas, estás abierto a cualquier tipo de manifestación de calentura, aunque eres más partidario de la sensualidad y del contacto. Una noche con un Aries revoltoso te encantaría. Ya sabes, el fuego se aviva con el aire.

Tauro tiene a Venus también y te atina exactamente donde te gusta. Eso sí, ten cuidado con su instinto posesivo. El aire solo tiene alas.

TU AMANTE IDEAL

Tienes una prescripción médica que dice «Leo de 1.500 mg» cada vez que quieres estar feliz y completo. La energía cautivadora de este signo se parece a la tuya, y también compartís el sentido de lo bello; acicalarse para el otro es otro punto de encuentro. Te sugerimos que sea Leo el que decida y empiece, así sería perfecto para que no tuvieras que pensar en todas las variables y terminaras con un nudo mental.

¿QUIÉN ES TU PEOR AMANTE?

No importa el signo, el género o los gustos que tengan, estas reglas se aplican igual para todos aquellos que no sean una buena opción para un Libra que quiere pasar un buen rato íntimo:

- Cualquiera que no empiece el juego.
- Quien no tenga imaginación para probar cosas nuevas.
- La persona a la que ni siquiera le interese experimentar algo fuera de la rutina.

CÓMO NO ABURRIRTE, LIBRA

Te aburre la gente grosera, sin modales, y también las personas pragmáticas te dan alergia, a ti que te pinten pajaritos en el aire y que te digan lo especial y único que eres. ¡Ah!, y que no te asfixien de ninguna manera; que no intenten controlarte porque eso no es lo tuyo, además de que te resulta profundamente aburrido y nada desafiante.

COMO EX ERES...

Un poco difícil de dejar. Si no eres el que termina la relación, te inventas cómo arreglarlo todo y vas hasta un poquito antes del fin del mundo (porque tampoco te vas tan lejos, no te creas). Si eres tú el que termina la relación, lo que sueles hacer es esperar a que te busquen para decirles que no otra vez. No tenemos claro el propósito, pero, bueno, cada uno con sus cosas. Te toma tiempo recomponerte, te desmoronas. Sin embargo, luego eres capaz de ir a la boda de tu ex y ser su testigo.

PARA QUE TE SOPORTES

- Piensa en ti como un humano de esos a los que les gusta ayudar y cálmate un poco, que el equilibrio también es para ti.
- Deja de confundir el amor con cualquier sonrisa que te lancen. Hay gente encantadora con la que está bien hablar y punto, no les entregues el corazón a todos los que te hablen con dulzura sin conocerlos siquiera.
- Deja de creer que el amor aparecerá como en una película de Disney, que por eso también se te escapan los seres bonitos.
- Si nada de esto funciona, hazte una lobotomía, tendrás que resetearte.

DINERO

LIBRA Y EL DINERO

Ay, Libra, mucha búsqueda de balance en la vida por aquí y por allá, pero cuando hablamos de dinero se nota que a tu balanza le fallan las escalas. Y es que pareciera que las provisiones de dudas e indecisión que tienes —y que son e-n-o-r-m-e-s— te las guardas para cualquier otro aspecto menos para gastar el dinero. Porque para comprar eres todo lo firme y convencido que no eres en ningún otro lado.

Pero después del gusto viene el disgusto. Cuando vuelve la calma y haces cuentas... ¡uy, las angustias! Es como si estuvieras en una lucha interna constante entre «la vida es ahora» y «¿de qué voy a vivir mañana?». ¿Qué hacer? No te mientas y dentro de tu presupuesto incluye un apartado para darte esos gustos.

NI POR TODO EL DINERO DEL MUNDO

Jamás de los jamases negociarás, Libra. Menos si es en tu propio beneficio. Tú prefieres estar tranquilo antes que empezar una negociación de la que sabes que no vas a salir ganador. Para ti tu paz mental es lo primero, pero ¡cuidado!, ese buen rollo o «desapego» te puede pasar factura, sobre todo en tu salud física —ya no hablemos de la mental—. Usa ese equilibrio que tienes para hacerte justicia y no quedarte con un mal sabor de boca.

TALENTOS ESCONDIDOS PARA TRABAJOS IDÍLICOS

Que te apunten como candidato al Premio Nobel de la Paz. Tu agudeza para percibir matices, limar asperezas y lograr que los extremos se junten te da las tácticas para hacer que la gente se entienda. Contigo van bien las carreras donde es clave lograr consensos: diplomacia, gestión humana o resolución de conflictos.

Entiendes muy bien a las personas y siempre sabes qué decir y cómo decirlo. Se te da bien la publicidad, el *marketing*, las ciencias de la comunicación y hasta alguna carrera como portavoz o político.

Alma de Celestina. «Hola, ¿hablamos con el mejor casamentero del condado?». Siempre estar buscando el equilibrio y la armonía hace que tengas un talento especial para emparejar personalidades que se complementan. Además de ser el gurú para presentarles gente a tus amigos, este don puede servirte como *headhunter* y reclutador.

¿EN QUÉ NO GASTAS TU DINERO?

En baratijas, ¿o no, Libra? El lujo te guiña el ojo y aunque los objetos no hablen, a ti te parece que susurran con voz sensual: «Ven, Libra, cómprame», «Llévame a casa», «Hazme tuyo». Seguro que te rindes de vez en cuando, pero mientras otros gastan en coches lujosos y viajes a destinos exóticos, tú prefieres hacerlo en cosas más personales, siempre pensando en ti, en los tuyos y en tu casa. Sí, en ese orden.

¿CÓMO INVIERTES, LIBRA?

Eres un adicto a la duda. «Hola, me llamo Libra y soy adicto a pensar mil veces antes de tomar una decisión». Y es que sí, pareces sacado de Indecisos Anónimos. Esto no es bueno para tus inversiones porque puede que las termines alargando taaanto que, al final, no hagas nada.

Pero, ojo, de vez en cuando te da la locura y te vas con el primero que te ofrezca el oro y el moro. Confías mucho en la gente y eso puede jugar en tu contra. ¿Lo mejor? Buscar asesoría financiera de alguien confiable y, mientras tanto, que tu dinero vaya creciendo, aunque sea un poquito, con un depósito a plazo fijo o con fondos mutuos.

PARA QUE TE SOPORTES

Todos quieren a un Libra en su equipo. Sois pacientes, con gran ética laboral, un supertacto y carisma; eres la monedita de oro para formar buenos grupos de trabajo y limar asperezas entre compañeros. Pero cuando de tomar una decisión se trata... Mejor que se sienten a esperar. Por eso te hemos preparado una fórmula mágica para que brilles más.

- Si hay algo que NO necesitas es que tu oficina sea un *reality show* con tanto conflicto. Prefieres un ambiente relajado y estable donde el estrés sea manejable. Pero no eres el responsable de que la paz sea con todos siempre, para eso está Recursos Humanos.
- Los *deadlines* apretados o una torre de archivos-pendientes son una pesadilla para ti, Libra. Te recomendamos que contrates a un Virgo para que lleve tus cronogramas de la oficina o negocio.

- Enciende una vela cada vez que logres poner límites y decir que «No» a algo que no querías o no te correspondía hacer. Tener el sí fácil, Libra, hace que muchas veces se aprovechen de ti y suelas hacer horas extras o tareas más allá de tu responsabilidad. Rodéate de gente leal que te envalentone y te ayude con tu indecisión crónica.

SALUD

VENUS, PLANETA ENERGÉTICO

Por mi culpa, por mi culpa, por mi gran culpa. ¿Pa' qué mentir, Libra? Eres fan del látigo y de la autoflagelación emocional. Siempre andas con toda esa mochila cargada de estrés y angustia en la espalda. Por algo Venus, tu planeta regente, controla tu espalda baja: cada vez que te sobrepasas o te da tu síndrome de culpositis es tu espalda la que más sufre. ¿Andas con acné, se te cae el pelo por estrés o tienes complicaciones con los riñones o el sistema urinario? Agradécele a tu planeta zodiacal. Aunque quieras ser la caja fuerte de las emociones, todas encuentran una manera de hacerse notar.

El equilibrio es clave en tu vida —¿podía ser de otra forma?— y debes aplicarlo en todos los aspectos de tu día a día. Come equilibrado, ajusta la relación vida personal-trabajo y, no importa cuánto quieras intentarlo, no entres en vínculos tóxicos.

DEPORTES

No le tienes miedo al sudor ni al contacto piel con piel, pero que ni te hablen del *jiu-jitsu*, la lucha libre, el boxeo o las artes marciales mixtas. Eso de andar sudados y pegados, pero sin estética, te horroriza. Y si para colmo hay que luchar, tú mismo te noquearías para evitar comenzar. Si tiene que haber contacto, que sea a través de la danza, la esgrima, el yoga. Cualquier deporte en el que te hagan una foto y sea tan pero tan artística que tenga potencial de *profile-pic*.

Como buena balanza, también te luces sobre cualquier tabla o en un deporte que te obligue al equilibrio: surf, esquí, skate, patinaje o yoga.

CUENTA HASTA 10, LIBRA

¿Explotar de la rabia? Jamás. Para que alguien te saque de quicio a ti, Libra, hace falta que sea un profesional. El conflicto te desestabiliza y quien termina abrumado y afectado nunca es el otro, siempre eres tú. Antes de llegar a tu límite, guíate por estos consejos:

- Deshazte del látigo y repite: «Los problemas de la gente no son mi culpa; los problemas de la gente no son mi culpa».
- Pedirte que no huyas es imposible, pero escápate a la naturaleza, que siempre te calma. Siente la brisa, los rayitos de Sol en la cara o mira un atardecer.
- Entra en X para enterarte de las últimas noticias y ríete con los comentarios más *random*.
- Elige algo de tu larguísima lista de «autorregalos» y date el gusto.
- Llama a uno de tus íntimos y vomítale tus angustias.

TUS FRASES MÁS ARROGANTES

- [Después de hablar de alguien durante una hora] Pero ¿quiénes somos nosotros para juzgar?
- [Comprando algo que te desestabilizará financieramente durante dos meses] Me lo merezco.
- Ya está... después veo cómo lo pago/arreglo/soluciono.

LO QUE TE QUITA EL SUEÑO

Por Dios santo y la Virgen, más te vale que no hayas tenido un conflicto con alguien durante el día porque repetir la discusión en tu cabeza, e imaginar todas las cosas que podrías haber dicho y no dijiste, es la receta perfecta para una noche de insomnio.

Y ni hablemos de la conversación difícil que te toca tener con tu jefe o tu *crush*... *Bye, bye*, ve despidiéndote de tus ocho horas de sueño durante toda la semana.

Y bien, ¿qué nos dices de una decisión importante que tienes que tomar? Basta que tu cabeza toque la almohada para que comiences con la lista. Primero: los aspectos a favor. Segundo: los puntos en contra. Tercero: poner en duda todo el punto uno y el punto dos y volver a empezar con la lista una y otra vez.

PARA QUE TE SOPORTES

ADVERTENCIA: No nos hacemos cargo del estrés físico y emocional que pueda surgir de este manual. Libra, léelo ateniéndote a las consecuencias.

- Si no quieres entrar nunca en conflicto, vete a vivir debajo de una roca. Es difícil, ¿no? Aunque te cueste aceptarlo, vivir en sociedad es chocar constantemente. No eres tú, somos todos.
- Cuida de tu cuerpo. Por ir resolviendo problemas y tratando de corregir injusticias terminas el último en la fila. A don Empatía esta vez le tocará empatizar consigo mismo, comer bien y dormir mejor.
- Agua, agua y más agua. La necesitarás para deshacerte rápido de las culpas y angustias.
- Date una noche de *spa* semanal. Ponte esa mascarilla especial para el rostro, toma una ducha larga y calientita, y échate esa crema maravillosa para

el cabello que te compraste hace mil años y nunca has tenido tiempo de usar.

- ORDÉNATE. Existe algo llamado «paz mental» y las rutinas te ayudarán a conseguirla. Entre las idas y venidas de tu mente la ansiedad se ha convertido en tu *frenemy*: la odias, pero siempre está presente.
- Haz ejercicio tres veces por semana y programa el indispensable café semanal con amigos. Una tarde en buena compañía es tu mejor medicina.

RITUALES EFECTIVOS

PARA APRENDER A PONER LÍMITES

Aprende el arte de decir «No». Desconocemos si será suficiente para que aprendas a dejar de hacer cosas por compromiso y para complacer al resto. Por eso, con este ritual te damos la llave para cumplir tu mayor fantasía: negarte, pero sin ofender a nadie.

- Igual que a Géminis, te daremos la tarea de escribir en varios papelitos algunas frases: «Parece un plan genial, pero le prometí a mi madre que...», «Conozco a una persona experta en eso, te doy su contacto», «Gracias por pensar en mí, pero justo tengo un evento», «Me encantaría, pero tengo el estómago regular», «Todavía no, necesito tener un poco más de información».
- Dobla los papelitos y mételos en una bolsa.
- Cada vez que alguien te pida algo que no quieras hacer, coge un papelito y que el universo sea el que decida cómo te negarás a ese pedido.

PARA QUE SE ENAMORE PERDIDAMENTE DE TI

Este espacio podría quedar en blanco sin ningún problema, pues ¿quién no se enamora de ti, Libra? Eres el coqueto del zodiaco y hasta en tus peores días cautivas sin problemas. Pero eso también te hace experto en atraer a las personas más inadecuadas del planeta y te da facilidad para quedarte ciego a pesar de tener enfrente una *red flag* gigantesca.

Sigue este ritual para asegurarte un buen amor:

- Si quieres intentar un buen comienzo, prepara un baño en una noche de Luna nueva. En cambio, si ya te has quitado la venda de los ojos y lo que necesitas es liberarte del tóxico a quien habías idealizado, prepara el baño en una noche de Luna llena.
- Piensa en un mantra para la ocasión: «Estoy abierto a mi alma gemela. No recibo a cualquier hijo de vecina», «Dejo ir al tóxico que no me hace bien», «Yo elijo el amor y el amor me elige a mí».

- Métete en la bañera, concéntrate en sentir el agua alrededor de tu cuerpo y repite tu mantra durante algunos minutos.
- Sal del agua, úntate tu crema favorita y prepárate para atraer lo que de verdad te mereces.

PARA QUE NUNCA ENFERMES

Estado sentimental: evitando el conflicto número 14.879 de mi día. El Premio Nobel de la Paz ya lo tienes, ahora dale una medallita a tu salud incorporando la manzanilla como tu hierba de cabecera.

- Añade manzanilla a tus baños para calmar la mente y escaparte de las crisis de ansiedad.
- Rocía un poco de esta hierba en polvo dentro de tus zapatos para liberarte de la confusión.
- Antes de salir de casa, lávate las manos con agua de manzanilla para tener suerte en alguna negociación pendiente.
- Y si nada funciona, tómate una infusión de manzanilla para calmar los nervios, que el truco de la abuela nunca falla.

OBJETO DE PROTECCIÓN

Ya basta, no puedes seguir poniéndote el último de la fila cuando de prioridades en tu vida se trata. Sé un poco más egoísta, Libra. El cobre te dará ese último empujoncito que necesitas. Puede ser con algún accesorio para llevar contigo o con un adorno en casa, por ejemplo. Y esto porque el cobre potencia la independencia y la iniciativa... O sea, a mandar al demonio a quien lo merezca y a coger al toro por los cuernos.

Además, al ser un metal conductor tiene carga positiva, aleja o transforma las malas energías. Y si a eso le sumas que el cobre es el metal de tu planeta regente, Venus, pues tienes el amuleto perfecto.

TALISMÁN

El triángulo representa el equilibrio y la estabilidad. ¿Tenemos que decirte algo más? Esas tres rayitas y tú estabais hechos el uno para el otro. En muchas culturas el triángulo simboliza el equilibrio que se obtiene tras tomar una decisión difícil, así que a alguien tan dubitativo como a ti le viene bien esa energía. También representa la claridad mental y la revelación.

Lleva tu triángulo en un colgante o como anillo, y si es de cobre, aún mejor, porque redoblas la apuesta.

AMULETO

Si a los faraones los enterraban en pirámides, más te vale creer en su poder. Y si además piensas que están vinculadas a la figura del triángulo —tu talismán—, no hay más vueltas que darle, Libra, las pirámides son el amuleto para ti.

Al llevarlas como accesorio reforzarán tu determinación y te darán estabilidad y fuerza para tomar decisiones. Si las tienes como estatuillas, tomarán la energía positiva del lugar y la transmitirán a la gente de tu alrededor.

PRUEBA

TU PRIMER ELEMENTO

A continuación, un test para saber si eres un Libra de tomo y lomo. Una forma infalible para saber si estás alineada con tu signo solar. Cinco preguntas sobre tu personalidad que revelarán la verdadera balanza que eres (o no):

1. Cuando ves una pelea en la calle, ¿cuál es tu primer impulso?

A) Pararla inmediatamente. La violencia no es la respuesta a nada.

B) Pararme a mirar, sin duda, e incluso corear.

C) Meterme yo también.

2. ¿Cuál es tu relación con las artes?

A) No podría vivir sin ellas, vivo por el arte y la belleza.

B) La normal, me gusta escuchar música de vez en cuando e ir al cine.

C) Priorizo otras cosas en la vida, no soy demasiado fan.

3. Estás en un bar cuando tu amigo tiene una discusión política con el señor de la mesa de al lado. ¿Qué haces?

A) Escucho las dos opiniones y medito a quién debería apoyar.

B) Voy de parte de mi amigo tenga razón o no.

C) Juego a ser el abogado del diablo solo para ver el mundo arder, me da igual quién tenga razón.

4. Te debates entre ir a Tokyo o a Nueva York. ¿Cómo acabas decidiendo a dónde ir?

A) Hago una lista con los pros y los contras de cada ciudad y no me decido hasta el último momento.

B) Elijo sin pensar y no cambio de parecer en ningún momento, soy fiel a mis elecciones.

C) No le doy muchas vueltas, mejor lo echo a suertes.

5. ¿Te gustan las comedias románticas?

A) Claro, yo misma soy una romántica.

B) Lo normal, me he visto las más famosas y ya.

C) No, las detesto profundamente.

RESULTADOS

A: Romántica y justa, odias los conflictos y tienes mucha dificultad para tomar decisiones. Eres Libra con todas las letras en mayúscula, y nos encanta.

B: Eres medio Libra, ni tan romántica ni tan indecisa, pero, si te esfuerzas, vas por buen camino.

C: No eres Libra ni que te paguen. Te gusta el conflicto y no eres nada romántica, lo opuesto al signo de la balanza.

TU SEGUNDO ELEMENTO

Es posible que hayas nacido Libra, pero todas las variables de tu carta astral te hacen tener matices que no te cuadran con algunas descripciones de tu signo. «Ya decía yo que todo esto no es cierto, me engañaron, esto se lo inventaron...» ¡PARA! Respira. Lo que queremos decir es que es posible que tu personalidad tenga influencias de otros elementos y eso significa que no todo es blanco o negro a la hora de ser humano, y esta prueba te puede ayudar a conocerte mejor, saber cuáles son esas pizcas de los otros elementos que te hacen único y también te ayudan a entender de dónde salen esas actitudes tan poco equilibradas pero que son tan naturales en ti. Libra, ya sabes que te pasas el día en las nubes tratando de escoger alguna cosa (porque la vida es eso que sucede mientras tú eliges). Te lo dice tu elemento, pero ¿sabes cuál es el otro elemento que predomina en tu vida?

Esta prueba está diseñada para que evalúes la porción que tienes de cada elemento y puedas equilibrar lo que te gusta y lo que no; averiguar de dónde salen esas reacciones tan poco librianas o, por el contrario, confirmar que eres aire hasta la médula. Asigna un punto por respuesta positiva. Y si no eres ni uno ni otro, pues asigna medio punto por respuesta.

	SÍ	NO	A VECES
FUEGO			
¿Vives la vida a lo grande, sin reservas, sin importar lo que pase a tu alrededor?			
¿Eres auténtico, directo, dices lo que piensas y no dejas que nadie se imponga sobre ti?			
¿Eres el líder natural de todos tus círculos por ser el que planea, motiva y, a veces, manda hasta sin darse cuenta?			
Si alguien te cuestiona, ¿haces todo lo posible para demostrar quién es el que manda?			
¿Es inevitable para ti pensar que tu felicidad es lo más importante del «mundo mundial» y todo lo que se interponga entre tu felicidad y tú debe ser eliminado?			
Cuando hablas, ¿tienes un impulso descontrolado y dices todo lo que se te pasa por la cabeza sin pensar en las consecuencias?			
TIERRA			
¿Tus acciones son gobernadas por la lógica y no permites que los sentimientos interfieran en tus decisiones?			
¿Tienes síndrome del árbol? (Quieres sentarte en la misma silla, ordenar las cosas de igual manera en todos tus asuntos, es difícil pensar en una mudanza o en cambios drásticos repentinos.)			

	SÍ	NO	A VECES
¿Te gusta más tener un recuerdo físico y palpable que una loca experiencia?			
¿Eres apegado a tus pertenencias y podrías dedicarte a ser un coleccionista profesional?			
¿La disciplina es una característica fundamental para tener éxito en cualquier aspecto de la vida? (Hasta para la diversión creas reglas.)			
¿Podrías anteponer tu bienestar laboral a tu vida personal o tus gustos?			
AGUA			
¿Tus sentimientos mandan en tu vida? (Mejor dicho, ¿eres *drama queen?)*			
¿Piensas que nadie puede entender lo profundo de tus sentimientos?, ¿que los demás no sienten igual?			
¿Te es más fácil llorar que anudarte los cordones?			
Y aun con lágrimas en los ojos, ¿sientes que puedes con todo y que nada puede destruirte?			
A la hora del amor, ¿eres un romántico empedernido y tu pareja se convierte en el centro de tu vida?			
¿La palabra *infidelidad* te suena rarísima y no sabes ni siquiera cómo alguien puede pensar en otra persona que no sea su pareja?			

	SÍ	NO	A VECES
AIRE			
¿Tu gran pasión está en cómo puedes decir o entender todo lo que pasa a tu alrededor?			
¿Eres el alma de la fiesta y respiras vida social?			
¿Calculas todo, piensas demasiado y, muchas veces, esos pensamientos no llegan a concretarse?			
¿Puedes sostener una conversación de lo que sea, con quien sea, sin ningún tipo de problema?			
¿Solamente pensar en que vas a estar en el mismo lugar durante mucho tiempo te pone la piel de gallina y sientes horror?			
Cuando hablas con personas, ¿a menudo te dicen que se sienten comprendidas?			

¿Cuál fue tu mayor puntuación? Suma los puntos y descubre tu resultado en las siguientes páginas.

RESULTADOS

Mayoría de fuego

Tu aire no hace más que avivar el fuego; una combinación sin límites que, así como es poderosa, también es muy peligrosa. Cuidado con pasarte de la raya y transformarte de una ligera y agradable brisa en una bola de fuego que surca los aires. Tu personalidad fuerte se compara con el Sol: a veces calientas y otras chamuscas. El fuego encendido puede contrarrestar tu indecisión libriana. Te gusta vivir al límite y te concentras con tal intensidad en lo que quieres que actúas sin percatarte de lo que pasa a tu alrededor.

Los signos de fuego son: Aries, Leo y Sagitario.

Mayoría de tierra

Qué bien que tengas un poco de tierra, porque andar volando por los aires toda la vida puede ser sinónimo de nunca tomar partido por nada y ya sabemos que para darles mil vueltas a las cosas eres el número uno. Tu carácter es fuerte y sólido; a ti no se te pasan tan rápido los problemas. En la cama eres un todoterreno: pasas de la ternura al sexo experimental. Eres estable y disciplinado, algunos dirían que cuadriculado o terco. Quieres que te dejen ser libre, pero a la vez puede no gustarte que tu otra mitad haga lo mismo. Y es que lo tuyo, es tuyo.

Los signos de tierra son: Tauro, Virgo y Capricornio.

Mayoría de agua

Vas por la vida dejándote fluir: si al aire o al agua les das un centímetro, se cuelan por cualquier recoveco. Pero que no se confundan, no es que seas moldeable ni voluble, es que eres adaptativo. Las emociones manejan la PlayStation de tu vida, no importa si es para arriba, con la alegría o el amor, o para abajo, con la frustración y la tristeza. Todo lo sentirás con mucha intensidad y siempre haces lo que te dice el corazón —o la falta de él, si lo que toca es odiar—. Tus reacciones pueden ser en extremo dramáticas cuando involucran sentimientos, pero siempre vuelves a tu centro transparente, cambiante, resistente y leal.

Los signos de agua son: Cáncer, Escorpio y Piscis.

Mayoría de aire

Eres un tornado que lo revuelve todo: quieres aprovechar el día al máximo, pero a la vez dormir hasta tarde; arreglar los problemas ajenos, pero no decidir qué hacer con los tuyos. Probar, experimentar y elegir TODAS las posibilidades es lo que te llama. Eso sí, tener tantas cosas en la cabeza al mismo tiempo hace que andes por la nebulosa y te cueste concentrarte en una sola. Tienes un posgrado en socializar y puedes ponerte en los zapatos de cualquiera. Necesitas espacio y aire para no ahogarte. La vida es una sola y no da para aburrirse por nada ni nadie. Eres el más rápido pasando página, los traumas duran lo que te acuerdes, que más bien es poco.

Los signos de aire son: Géminis, Libra y Acuario.

Querido Libra, después de todo lo que hemos dicho en este libro, de cómo hemos descrito y desvelado los más íntimos secretos de tu personalidad (eso que ni a ti te gusta admitir o que no habías notado de manera consciente), creemos que esta prueba ha reconfirmado tu filosofía de no ser tan inflexible con los extremos, porque hay una enorme escala de grises en medio. Las variables de tu carta astral, que aquí te hemos mostrado, harán que cada vez te conozcas más y que estés preparado para todo en esta vida.

Ya que has sobrevivido a esta cantidad desproporcionada de verdades sin adornos, piensa en este libro como un manual de consulta al que puedes volver cada vez que se te olvide lo paciente, conciliador, indeciso, curioso, culposo y armonioso que eres. Si te gustan los secretos del horóscopo, seguro que te gustará conocer más de tu ascendente, tu Luna, y cómo entender las piezas que no te encajan del todo. Si es así, no dudes en consultar los otros signos para acabar de soportarte a ti mismo.

GLOSARIO

Planeta regente, Mercurio retrógrado, signo ascendente... Respira hondo y no te desesperes. Hemos preparado un glosario para que entiendas mejor los términos.

Signo solar

El que le preguntas a tu *crush* y que siempre consultas en el horóscopo. Se define teniendo en cuenta en qué constelación se encontraba el Sol en el día y mes en que naciste.

Carta astral

Es la «foto» de cómo estaba el cielo aquel preciso instante en el que naciste. Con ella conocerás la posición exacta de los planetas: tu signo solar, tu ascendente y descendente, así como características únicas.

Signo ascendente

Representa la forma en la que te acercas a la vida y cómo te perciben los demás. Se define teniendo en cuenta qué signo asomaba por el horizonte al momento de nacer. Para saber cuál es el tuyo necesitas tu carta astral.

Signo descendente

Tu signo descendente —al ser el opuesto a tu ascendente— representa a tu posible compañero de vida. Calcúlalo de forma fácil: están a seis signos de distancia uno del otro. Conocerlo te ayudará a entender mejor a tu pareja y lo que buscas o encontrarás en ella.

Mercurio retrógrado

Este fenómeno se da cuando este planeta pareciera quedarse quieto e ir en retroceso, en «retrogradación». Y como Mercurio es el responsable de la comunicación, los malentendidos y desacuerdos están a la orden.

Planeta regente

Cada signo del zodiaco vibra de forma particular con un planeta del sistema solar o sus astros, y esa afinidad energética es la que define el planeta correspondiente a tu signo.

Elementos

La tierra, el fuego, el aire y el agua son los cuatro elementos de la astrología, y cada signo del zodiaco está relacionado con uno de ellos. Los signos de tierra son cuadrados y confiables. Los de fuego son pura chispa y energía. Los signos de aire son visionarios y rápidos de pensamiento; y los de agua destacan por su intuición y sensibilidad.